AF562453

APHORISMES

SUR

L'HÉRÉDITÉ.

IMPRIMERIE DE FIRMIN DIDOT FRÈRES,
RUE JACOB, N° 24.

APHORISMES

SUR

LA CONSTITUTION PRIMITIVE

DES TROIS POUVOIRS DU GOUVERNEMENT REPRÉSENTATIF, OFFERTS A LA MÉDITATION ET AU JUGEMENT DE MM. LES DÉPUTÉS DE LA CHAMBRE DE 1831;

PAR LE BARON MASSIAS,

ANCIEN CHARGÉ D'AFFAIRES DE FRANCE PRÈS LA COUR DE BADE, RÉSIDENT, CONSUL-GÉNÉRAL A DANTZIG.

Si quid novisti rectius istis
Candidus imperti, si non, his utere mecum.

Connaissez-vous de meilleurs principes? faites-nous en part avec candeur; sinon, profitons en commun de ceux-ci.

PRIX : 1 FR.

A PARIS,

CHEZ FIRMIN DIDOT FRÈRES, LIBRAIRES,
RUE JACOB, N° 24;
ET CHEZ DENTU, LIBRAIRE,
AU PALAIS-ROYAL.

1831.

A Messieurs

les Députés de la Chambre de 1831.

Messieurs,

Les passions, les préjugés, l'esprit de parti s'étant emparés de la question de l'Hérédité de la Pairie sur laquelle vous êtes appelés à prononcer, j'ai cru utile de la réduire à sa plus simple expression, afin que le sophisme ne se cachant plus sous les artifices du style, elle pût être franchement abordée par la vérité, la bonne foi, l'impartialité et la raison. Mais comme cette haute institution est inséparablement liée aux deux autres pouvoirs de l'État, je n'ai pu traiter de sa constitution sans parler aussi de celle de la Chambre élective et de la Royauté. J'ai pris les principes aussi haut que possible à leur origine, et je les ai suivis jusqu'à leurs dernières conséquences. Vous jugerez,

Messieurs, si je les ai posés exactement et si mes déductions sont légitimes. Quelle que soit votre décision, je m'y soumettrai avec le respect dû aux Elus de notre belle France, pour le bonheur de laquelle je sens fortement encore battre mon coeur malgré les glaces de l'âge.

J'ai l'honneur, Messieurs, de vous offrir l'hommage de mon plus profond respect.

Le Bon Massias.

Paris, 10 Juillet 1831.

APHORISMES

SUR

L'HÉRÉDITÉ.

I.

Si tous les êtres étaient égaux, il n'y aurait point possibilité de subordination, L'ORDRE NE POURRAIT EXISTER.

2.

Si tous les hommes naissaient égaux, nul n'étant tenu d'obéir, et ne pouvant y être forcé, LA SOCIÉTÉ NE POURRAIT EXISTER.

3.

Mais les hommes, quoique égaux par leur nature, sont inégaux par leurs facultés physiques et morales.

4.

Ils sont donc égaux en droit et inégaux en fait.

5.

Faites dominer l'inégalité de fait sur l'égalité de droit, vous aurez guerre perpétuelle dans notre espèce, injustice, asservissement de l'homme à l'homme.

6.

De quelques combinaisons que vous usiez pour faire cesser cet état de guerre et d'oppression, assurer le triomphe de l'égalité de nature sur l'inégalité de fait, du droit sur la force, vous n'en trouverez jamais le moyen que dans L'INÉGALITÉ POLITIQUE.

7.

Et, comme à l'égalité de nature sont invinciblement inhérentes la liberté et la propriété, besoins et droits naturels et sociaux desquels découlent tous les autres, il s'ensuit que c'est L'INÉGALITÉ POLITIQUE qui assure l'égalité, la liberté et la propriété des citoyens.

8.

L'aristocratie est donc portion nécessaire et intégrante de la société.

9.

L'inégalité de fait qui existe dans la généralité des hommes, existant aussi entre les forts et les habiles qui composent l'aristocratie, met ces derniers dans la nécessité de se donner un chef.

10.

La royauté est donc portion nécessaire et intégrante de la société.

11.

L'aristocratie et la royauté une fois constituées, le peuple ne pouvant agir collectivement, ne connaissant que les intérêts locaux, ne pouvant être au fait des besoins généraux du pays, est obligé d'agir par des délégués, auxquels il donne des pouvoirs spéciaux pour ce qui concerne la municipalité, la commune, l'arrondissement, et des mandats généraux pour ce qui concerne les affaires générales de l'État.

12.

La Chambre élective est donc portion nécessaire et intégrante de la société.

13.

TOUTE SOCIÉTÉ SE COMPOSE DONC NA-

TURELLEMENT DU PEUPLE, DES GRANDS ET DU ROI. Cela est si vrai, que la force des choses donne un conseil au despote le plus jaloux de son autorité, et un chef patent ou caché aux républiques les plus jalouses de l'égalité.

14.

Vous voyez que la Chambre élective, la pairie et la royauté sortent du peuple, sont prises dans le peuple; qu'elles ne sont que les membres d'un même corps qui se ressent du bien et du mal que chacun d'eux éprouve, qu'en un mot elles ne sont que le peuple. Dans la masse des citoyens non votants sont les éléments et la semence de l'électorat. Ainsi est formée la grande unité sociale.

15.

La souveraineté du peuple n'est donc que la volonté de ce peuple agissant régulièrement par ses trois pouvoirs constitués(1). Où serait la sou-

---

(1) Ceci n'empêche pas que la souveraineté absolue ne soit en Dieu, qui veut que les peuples agissent conformément aux besoins et aux facultés qu'il leur a départies, et qui lui-même les a faits souverains dans l'ordre social où il les a placés. Les hommes à *droit divin* devraient bien nous apprendre où va la souveraineté lors de l'extinction des dynasties. Elle retourne au peuple d'où elle est sortie.

veraineté hors du tout? Comment le tout agirait-il sans organes appropriés à son existence et à ses fins?

16.

Par cela même que la loi est *l'expression de la volonté générale*, elle ne peut être faite par la multitude; car les individus qui la composent ne connaissent que leurs volontés personnelles, toujours égoïstes et presque toujours injustes. Il faut que l'ensemble de ces volontés soit soumis à l'examen d'un certain nombre d'hommes choisis qui, pour ainsi dire, les tamise, les agite, les épure, et, en ôtant tout ce qu'elles ont de défectueux, n'y laisse que ce qui est juste et utile pour tout le monde. Les besoins et le sentiment des besoins sont dans la multitude, mais la connaissance des moyens de les satisfaire est dans l'esprit des sages.

17.

L'acte par lequel la société fait passer artificiellement dans l'ordre politique ce qui était déja dans la nature, et qui constitue la Chambre élective, la pairie et la royauté, est loi primitive, CHARTE.

18.

La Charte, produit de la nature et de la raison, doit donc vouloir ce que veulent celles-ci, c'est-à-dire l'égalité, la liberté et la propriété des citoyens.

19.

La Chambre élective, la pairie et la royauté, produits de la Charte, doivent donc vouloir ce que veut celle-ci, c'est-à-dire l'égalité, la liberté et la propriété des citoyens.

20.

Mais la société a des besoins d'égalité, de liberté, de propriété, les uns accidentels et passagers, et les autres fixes et permanents.

21.

La Chambre élective, en vertu de son renouvellement périodique, est propre à pourvoir aux besoins accidentels et transitoires de la société.

22.

Une grande question est de savoir si la pairie et la royauté doivent être héréditaires pour être aptes à pourvoir aux besoins permanents de la société (1).

---

(1) La Chambre des *représentants* de l'Amérique du Nord représente les intérêts individuels des citoyens; le *Sénat* en représente les intérêts politiques. Ce Sénat, avec un prési-

23.

Nous avons montré dans nos livres d'une manière positive, et il est généralement admis, au moins provisoirement, que la royauté doit être héréditaire pour mieux garantir la liberté publique et la stabilité de nos institutions.

24.

La pairie doit-elle être également héréditaire pour mieux garantir la liberté publique et la stabilité de nos institutions? On ne peut répondre à cette question qu'en sachant avant tout quels sont les obstacles qui s'opposent à cette liberté et à cette stabilité.

25.

Il est dans notre nature de tendre sans cesse à nous élever aussi haut que possible.

26.

Le gouvernement représentatif favorise cet

---

dent quinquennal, ne saurait être héréditaire. Donnez à la France un territoire capable de nourrir une population décuple de celle qu'elle contient, comme il en est pour les États de l'Union, faites qu'elle soit sans voisins puissants, et alors vous pourrez impunément essayer du gouvernement américain.

élan, en laissant à chacun la faculté d'aspirer à toutes les places, à toutes les magistratures, à toutes les dignités, à la pairie, à la royauté même, le cas échéant de l'extinction totale de la dynastie.

27.

Si ce mouvement d'ascension n'était régularisé par les institutions, l'activité sociale se portant vers les mêmes points, renversant tout ce qui se présenterait devant elle, et ne s'arrêtant que lorsqu'il n'y aurait plus rien à renverser, les individus seraient froissés et meurtris, et les rangs de la société bouleversés et dans la confusion.

28.

Cette force d'ascension à qui les bienfaits du gouvernement représentatif laissent une entière latitude, doit donc être contenue par une force modératrice équivalente.

29.

Cette dernière force réactive et régulatrice a été placée dans les supériorités naturelles et politiques constituées par la loi fondamentale, dans la royauté et dans la pairie.

30.

Or, dans le gouvernement représentatif, la liberté des citoyens ayant sa plus grande latitude, la royauté et la pairie doivent aussi avoir leur plus haut degré d'action.

31.

Et de même que le mouvement progressif de la pairie a été barré et clos par la royauté héréditaire, de même le mouvement progressif des citoyens doit être barré et clos par la pairie héréditaire, qui s'ouvrira cependant dans de rares occasions au mérite transcendant.

32.

Établissez une royauté viagère, les pairs les plus audacieux en convoiteront la succession. On intriguera, on cabalera, on formera des partis, et l'État sera dans un trouble continuel.

33.

Établissez une pairie viagère, la fortune des enfants des pairs étant à faire, ce sera un grand moyen de tentation pour ces derniers qui les mettra à la disposition du collateur, quel qu'il soit, de cette haute dignité. *Je m'engage à vous donner votre fils pour successeur.* Sont-ce là des paroles auxquelles il soit facile de résister?

34.

Faites nommer, dira-t-on, des pairs à vie par

le Roi sur la présentation de la Chambre des députés, et alors ils ne dépendront ni du Roi, ni de la Chambre élective. Ils dépendront alors, répondrons-nous, et de la Chambre élective, et du Roi, et vous n'aurez fait que doubler leur dépendance, anéantir toute possibilité d'opposition, et accroître les intrigues pour les nominations.

35.

Vous ne pouvez échapper à la nécessité d'une pairie héréditaire qu'en essayant de lui substituer une pairie à vie inamovible. *Essayer!* Quel mot, grand Dieu, en politique! essayer d'une expérience qui peut tuer la France!

36.

Une Chambre de pairs à vie inamovible, composée de quatre cents membres, a, par an, vingt morts, d'après les tables de mortalité, et présente vingt nominations à faire. Quelle moisson! quelle bonne aubaine pour la médiocrité intrigante! que de brigues! que de mouvement! Convenons que ce n'est point là un bon expédient pour calmer une nation vive, ardente, ambitieuse, et où chacun court après quelque place.

37.

Une Chambre de pairs à vie inamovible, remplaçant ses morts par des personnes qui lui seront étrangères, prises dans toutes les classes des citoyens, et se renouvelant intégralement tous les vingt ans, sera toujours un corps trop jeune, dont l'organisation ne pourra jamais mûrir, se fortifier, devenir solide et compacte, et prendre l'esprit qui convient à cette haute dignité.

38.

Le mérite même de ceux qui composeront cette Chambre sera moins un moyen qu'un obstacle à sa bonté et à l'accomplissement des fonctions auxquelles elle est destinée. Il y aura des individus fortement caractérisés et point de corps. Chacun y sera trop soi; et, fort de son mérite, il ne tiendra que peu à l'état actuel des choses, hors duquel, quoi qu'il arrive, il se retrouvera avec toute sa valeur. Il n'en est pas ainsi d'une pairie héréditaire qui, hors de la constitution et de l'hérédité, tombe dans le néant.

39.

On a imaginé une pairie à vie inamovible composée de plusieurs séries prises dans les diverses fonctions de l'État, séries *royale*, *électorale*, *militaire*, *diplomatique*, *judiciaire*, *pérorante*, *administrative*, *littéraire*, *scientifique*. Mais qui ne voit que ce corps composé de plusieurs corps, ne pourrait jamais subir les lois de l'affinité et former un ensemble qui eût les mêmes intérêts et allât à la même fin? Chacun des pairs n'ayant rien reçu par le passé de l'esprit général de la pairie, et n'ayant rien à en transmettre pour l'avenir, se trouverait réduit à faire bande à part avec les *siens*. Arrivé à sa place à quarante-cinq ou à cinquante ans, âge où l'on est ce qu'on sera toujours, il n'aura qu'à se continuer dans ses habitudes, contraires à la plupart de celles de ses collègues. Cette république de petites pairies sera le foyer de petites ambitions rivales qui ne chercheront qu'à arriver le plus heureusement possible à la fin de leur courte carrière, et qui, dans l'occasion, ne demanderont pas mieux que de se mettre aux gages de quelque grande ambition.

40.

Ou la pairie à vie inamovible sera à la nomination du Roi, et la puissance de celui-ci sera immodérée ; ou elle sera à la nomination de la Chambre élective, et le pouvoir populaire sera sans mesure et sans équilibre.

41.

L'intérêt constant d'une pairie à vie inamovible sera de chercher à rapprocher par toute sorte de moyens la royauté héréditaire de sa propre position, et de la rendre élective pour pouvoir y prétendre. En cas de succès, les premiers soins du nouvel élu seront de fortifier ses moyens d'action et de résistance contre les chances qui ont renversé la royauté héréditaire, afin de pouvoir la perpétuer dans sa famille par la force et malgré les lois. Ainsi la pairie élective recèle le germe du despotisme.

42.

La Chambre élective, en détruisant la pairie héréditaire, désarme l'auxiliaire que lui donne la nature même du gouvernement représentatif, et se met dans l'alternative de dominer la royauté ou d'être dominée par elle.

43.

La machine politique composée de trois pouvoirs ne peut être conçue parfaite qu'autant que ses ressorts principaux ont leur maximum d'énergie; or, ce maximum est une indépendance absolue pour la Chambre élective; et l'hérédité, pour la royauté et pour la pairie. Les en priver est couper les cheveux à Samson.

44.

Tant que les barrières destinées à contenir les ambitions naturelles que fomente la société ne seront pas, et pour toujours, plantées dans l'hérédité, elles seront à chaque instant en danger d'être ébranlées ou renversées par les efforts des ambitieux. A un principe d'action constante, il faut opposer un principe d'action constant.

45.

La politique, en accordant l'indépendance absolue à la Chambre élective, et l'hérédité à la royauté et à la pairie, n'a point en vue l'avantage de ceux qui occupent ces magistratures élevées, mais le bien-être et la liberté de tout le corps social.

46.

Que si vous laissez aux individus toute la liberté dont ils sont avides, en donnant en même temps une force égale d'action et de réaction à la pairie et à la royauté, les citoyens alors seront aussi libres et le gouvernement aussi fort que possible, et vous aurez la vraie république, celle où il y aura communauté de services et d'intérêts entre toutes les parties de l'État (1).

---

(1) Là où non-seulement, comme le dit Rousseau, *la chose publique est quelque chose*, mais encore où la chose publique est tout, là, ainsi que le dit le même auteur, LA MONARCHIE EST RÉPUBLIQUE. (*Contrat social.*)

47.

Le gouvernement représentatif n'est nommé tel que parce qu'il représente, en effet, tous les intérêts de l'État, ainsi que les principes des autres gouvernements, de la démocratie, de l'aristocratie, de la monarchie, neutralisant ce qu'elles ont de mauvais et améliorant ce qu'elles ont de bon par leur action réciproque.

48.

Dans ce gouvernement, le pouvoir démocratique agit sur le pouvoir royal; le pouvoir royal sur le pouvoir démocratique; et l'aristocratie interposée en modère le mouvement et en empêche la collision. Le corps social et l'être humain sont volonté, action et raison, laquelle règle la volonté et en dirige les actes vers le bien-être et la conservation. La pairie est le rapport, le terme moyen entre la royauté et le peuple. Elle a son point de contact avec la première au moyen de l'hérédité, et avec le second au moyen de ses cadets et de ses filles, et des citoyens recommandables auxquels elle ouvre de temps à autre son sein. La pairie à vie amovible ou inamovible n'a aucun point de contact avec la royauté héréditaire, et se confond avec le reste des citoyens et plusieurs autres magistratures, ne pouvant dès-lors être moyen d'union et faire point d'appui et équilibre.

49.

Tout ce qui est hors du gouvernement représentatif ternaire penche ou vers le pouvoir de la multitude et l'anarchie, ou vers le pouvoir d'un seul et le despotisme.

50.

La machine politique représentative vivant et se correspondant dans chacune de ses parties, peut agir sur elle-même, et, suivant les temps et les circonstances, se modifier sans rien changer d'essentiel à sa constitution, et, toujours ancienne et toujours nouvelle, durer autant que les besoins qu'elle est destinée à satisfaire.

51.

En statuant que chaque département aura son rang et son tour pour fournir ses pairs, on peut faire de la pairie un objet d'égoïsme, une espérance de famille, un ressort puissant d'émulation, un privilége en quelque sorte général (1).

---

(1) On pourrait peut-être, dans la reconstruction de la pairie, mettre en réserve quatre-vingt-six places, dont cinq seraient données, chaque année, par séries de départements

52.

L'abolition de la pairie héréditaire est une mutilation de l'organisation morale de la société qui ne laisse désormais, dans aucun cas, la possibilité de satisfaire un des besoins les plus naturels, les plus profonds et les plus impérieux de notre espèce. Produire des familles distinguées est une des fins de la civilisation, et l'hérédité en est le moyen. Voyez le grand nombre de personnages illustres qu'elle a fait éclore dans l'ancienne magistrature parlementaire, quoique achetée à prix d'argent. En se respectant dans sa place, dans ses ascendants et ses descendants, on apprend à mériter et à obtenir le respect de ses concitoyens. Si l'on met de côté les fondateurs de la liberté américaine qui, s'étant trouvés dans des circonstances spéciales, ne peuvent servir d'exemple, on peut douter que les noms des personnages recommandables qui vivent sous la tutelle bienfaisante de constitutions américaines arrivent jamais à la postérité environnés

---

tirés au sort. Ainsi, pendant dix-sept ans, cinq départements obtiendraient successivement leurs pairs respectifs. et ils continueraient à en obtenir, à leur tour, lors de l'extinction des familles pairesses, et aux époques des nominations royales.

d'une auréole de gloire aussi éclatante que les noms historiques anglais et français. L'hérédité d'ailleurs est un fait naturel ; le fils est, quoi qu'on fasse, portion et continuation de son père (1). Le législateur peut l'utiliser en le transportant avec sagesse dans l'ordre social, et en l'appliquant à deux pouvoirs du gouvernement qui ont besoin d'un ascendant hédéditaire pour résister à celui que le troisième pouvoir tire de ses commettants et de la faculté qu'il a de refuser l'impôt.

53.

Des pairs non héréditaires n'étant pour rien intéressés à ce qui existera après eux, concentreront en eux-mêmes leur égoïsme à mesure qu'ils seront plus près de sortir de la vie. Pour eux l'avenir sera tout entier dans le présent. Des pairs héréditaires, au contraire, n'étant plus sous le charme des goûts de leur jeunesse, s'ai-

---

(1) Messieurs les disciples de Saint-Simon qui se prétendent *industriels* et *organisateurs* par excellence, en abolissant L'HÉRÉDITÉ coupent par les racines le premier des arts, l'agriculture; car on bâtit des granges et des maisons rurales, on plante, on améliore *ses* terres principalement pour ses enfants. Lorsque ceux-ci ne peuvent se rallier autour du foyer et de l'arbre paternels, il n'y a plus de famille, il n'y a plus de patrie, laquelle n'est qu'une famille de familles.

meront et placeront leur égoïsme dans leurs enfants; pour eux le présent sera surtout dans l'avenir. A ma mort, pourront dire les premiers, l'État n'est plus rien pour moi; après ma mort, pourront dire les seconds, l'État est encore pour moi dans mes enfants.

54.

Quant à savoir s'il faut d'autre noblesse que l'aristocratie-pairie, laissez les mœurs et l'opinion créer, si bon leur semble, de nouveaux nobles, conserver ou détruire les anciens. Quelques lettres de plus placées devant un nom sans privilége d'aucune sorte, ne mettent point en péril l'ordre social.

55.

On a donné comme irréfutable une objection contre l'hérédité de la pairie, et qui cependant est plus spécieuse que solide. La voici : On ne naît pas législateur, et le comble de l'absurdité est d'accorder à la naissance le droit de former une Chambre législative; c'est comme si l'on établissait un collége de savants héréditaires. Démêlons les faits que renferment ces paroles, et n'admettons que ce qu'ils ont de réel et de concluant. Une Chambre de pairs ne se forme pas en entier, de toutes pièces et à époques fixes, des premiers-nés de certains grands personnages; une telle Chambre improvisée de sujets novices, quelle que fût leur noblesse, ne renfermerait à coup sûr que de pauvres législateurs. Mais celle dont il s'agit, une fois constituée, est immortelle. C'est le vaisseau des Argonautes toujours le même, quoique de temps à autre partiellement renouvelé. Elle a sa vie et son esprit collectifs dans lesquels elle se perpétue indépendamment des idées et de l'ignorance de quelques-uns des membres survenants qui, subissant l'attraction exercée par la majorité, sont forcés d'en adopter les doctrines. Ce qui semblerait donc, d'après l'objection, contribuer à produire de mauvaises lois, est au contraire un moyen de les faire bonnes. Ce moyen réside dans une instruction et des opinions traditionnelles, modifiées et rajeunies par la rénovation partielle des membres de la pairie. Du reste, ne nous en rapportons pas à nous, consultons l'histoire, et demandons-lui si le sénat de Rome, quoique héréditaire, savait faire respecter la dignité du peuple romain et établir de bonnes lois.

56.

Maintenant si, comme on fait pour tout le reste, il faut juger d'une mesure politique par les effets qu'elle produit ou peut produire, consultons *le Globe* et *l'Avenir*, journaux à doctrines ennemies ; ils s'accorderont pour nous faire connaître les résultats de l'abolition par eux présumée de l'hérédité de la pairie, car, avec plusieurs de leurs collègues, ils la tiennent pour détruite, et ils ont déja chanté victoire avant le combat. Le premier, dans son numéro du 9 juin 1831, loue beaucoup les excellents et nombreux arguments que *le Constitutionnel* a poussés contre l'ennemi commun, mais il l'avertit en même temps que lui, *Constitutionnel,* qui d'ailleurs raisonne si bien, sera inconséquent à ses principes si, de l'abolition de la pairie, il ne conclut en même temps l'abolition de toute espèce d'hérédité dans les familles. Messieurs les députés qui se tiennent véritablement propriétaires des biens qu'ils ont acquis par leur propre travail, ou qu'ils ont hérité du travail d'autrui, et qui se croient en droit de les léguer en toute conscience à leurs enfants, y regarderont à deux fois avant d'adopter les théories spoliatrices du *Globe.* Besoin n'est pas de dire que ce journal est trop bon logicien pour ne pas appliquer à la royauté les doctrines de l'illégitimité de toute espèce d'hérédité. Pour ses adeptes, la royauté dans la famille de Louis-Philippe n'est que provisoire et de transition; ils le supportent en attendant mieux, jusqu'à ce que le peuple, formé par leur sagesse, se soit élevé à la hauteur de ses maîtres. Alors la France, que dis-je la France? l'Europe et le monde entier jouiront de l'inexprimable bonheur de pouvoir se passer de rois, et de n'être gouvernés que par des prêtres, des savants et des industriels Saint-Simoniens. M. de La Mennais, dans un article plein de verve (*Avenir* du 29 mai 1831), traite encore plus rudement la pairie héréditaire. Il la bat à coups redoublés de bélier comme les murs d'une citadelle. Lorsqu'il pense l'avoir renversée, conséquent à sa manière ainsi que *le Globe*, il y substitue les familles, les communes, les arrondissements, les provinces (car il ne s'agit plus de départements) se gouvernant elles-mêmes. Plus de gouvernement du Roi, *la nation s'administrera elle-même. Le Roi ne sera que l'exécuteur des réglements faits par les provinces.* Voilà ce que dit l'éloquent écrivain. Ce qu'il ne dit pas, le voici : Les communes se régissant elles seules, on peut s'en rapporter aux ecclésiastiques pour s'emparer de l'enseignement et de l'autorité dans tous les villages. Au moyen du suffrage universel que réclame l'auteur, ils auront pour eux les votes de la partie la moins éclairée et la plus nombreuse des habitants ; chaque sacristie sera un *Forum*, chaque paroisse une république dont le curé sera le président, et, en montant de degré en degré la hiérarchie sacerdotale, on arrivera à la suprématie du pape devant qui doit s'incliner toute tête plébéienne, patricienne et royale. *L'Avenir* est donc trop bon catholique et trop bon dialecticien pour souffrir que la pairie soit héréditaire. Dans l'espérance des conséquences de l'abolition de cette hérédité, les journaux les plus aristocratiques, les plus connus par leur amour effréné du despotisme, font chorus avec les journaux les plus radicaux et les plus républicains. Ceci doit donner à penser à l'opposition (1).

57.

Une autre fraction non moins ardente de la société dit et imprime dans un grand nombre de journaux : *Nous sommes républicains, il nous faut un trône populaire* (tout-à-fait populaire), *entouré d'institutions républicaines, tout-à-fait républicaines*; nous repoussons une pairie héréditaire; elle est trop monarchique.

58.

De la pairie viagère à la royauté tout-à-fait populaire ou élective, de la royauté élective à la république, de la république au boulever-

---

(1) « J'attends, dit *le Globe* dans un de ses numéros de la fin de juin, messieurs les libéraux après qu'ils auront détruit la pairie héréditaire. » Il dit encore, le 9 juillet : « La question de la pairie, *question qui n'est qu'un manteau pour bien d'autres.* »

sement de la France et à la conflagration de l'Europe, la pente est rapide, et il n'y a qu'un pas à faire.

59.

Pensez-vous que la république est le meilleur des gouvernements? Votez contre la pairie héréditaire, vous serez conséquent à vos principes. Pensez-vous que la monarchie représentative est le meilleur des gouvernements? Votez pour la pairie héréditaire, vous serez conséquent à vos principes.

60.

AUCUNE OBJECTION NE PEUT ÊTRE FAITE CONTRE L'HÉRÉDITÉ DE LA PAIRIE QUI NE PUISSE ÊTRE VALABLEMENT RÉTORQUÉE CONTRE L'HÉRÉDITÉ DE LA ROYAUTÉ : que Messieurs les députés royalistes-constitutionnels s'en assurent, et qu'ils songent que voter contre la première est, en principe, voter contre celle-ci. *Caveant consules!*

61.

Tout ce qu'on a dit, tout ce qu'on a écrit contre l'hérédité de la pairie se résume dans la haine qu'inspire naturellement un grand privilége (1), et peut-être aussi dans l'indignité de

---

(1) Toute supériorité, celle même qui est acquise par

quelques pairs qui en jouissent. Mais ce n'est ni à la haine, ni à la jalousie de faire ou défaire une grande institution. Cette mission n'appartient qu'à la raison calme, impartiale, impassible.

62.

Lors même, dit-on, qu'on consentirait à convenir de l'utilité de la pairie héréditaire, la disposition des esprits est telle, le haro que la presse a excité contre elle est si universel qu'on ne peut espérer de faire revenir la multitude à une opinion opposée, et qu'il y aurait danger à le tenter. Nous répondrons que nous avons plus de confiance en l'esprit qui anime le peuple français; il est juste et intelligent; pour qu'il obéisse à la raison il ne s'agit que de la lui montrer, et, pour cela, il suffit de lui faire comprendre que l'hérédité n'est pas un privilége créé pour le profit et le plaisir de ceux qui le possèdent, mais pour l'avantage du public, ainsi qu'il en est pour les autres supériorités sociales.

63.

Ceux qui ont profondément observé la société se sont convaincus que ce qu'on appelle propre-

---

l'exercice des vertus, offusque. Qu'on se rappelle l'Athénien qui, fâché d'entendre toujours appeler *Juste* Aristide, s'en vengea par l'ostracisme.

ment *le peuple*, n'est point hostile à la pairie héréditaire. Il sent confusément qu'elle sert à sa tranquillité, et que sur plusieurs points elle établit des foyers de richesse d'où il tire son travail. Il est seulement hostile aux classes qui lui sont immédiatement supérieures, et dont le contact lui fait sentir son infériorité. Celles-ci sont, il est vrai, antipathiques par instinct à la pairie héréditaire qui gêne leur mouvement trop rapide d'ascension; mais elles se réconcilient avec cette haute institution lorsque plus de lumières et d'éducation leur en montrent la nécessité. On peut défier ses ennemis de prouver que de sa destruction puisse naître d'autre bien pour la France que de satisfaire quelques haines, quelques jalousies et quelques vanités, au hasard de tout bouleverser (1).

---

(1) Ce sont les classes intermédiaires dont les journaux de l'opposition ont plus habilement qu'honorablement excité l'animosité contre la pairie héréditaire. La preuve qu'ils ont trouvé un moindre nombre d'esprits dociles qu'ils ne s'y attendaient, la voici : *le Globe* du 6 juillet fait le relevé des votes relatifs à l'hérédité de tous les candidats à la législature de 1831. Pour l'hérédité, 63. Contre l'hérédité, 396. Votes indécis et conditionnels, 443. Or, qui ne voit que ceux qui ont émis ces derniers votes penchent *in petto* pour la pairie héréditaire, car autrement ils se seraient empressés de se prononcer tout haut contre elle pour obtenir des voix et se populariser ?

64.

L'HÉRÉDITÉ DE LA PAIRIE EST-ELLE NÉCESSAIRE AU GOUVERNEMENT REPRÉSENTATIF? EST-ELLE NÉCESSAIRE POUR PROTÉGER L'ÉGALITÉ, LA LIBERTÉ ET LA PROSPÉRITÉ DES CITOYENS, ET ASSURER LA STABILITÉ DE NOS INSTITUTIONS? Voilà la seule chose dont il faille s'occuper, la seule question qui soit à examiner, et qui ne peut être décidée qu'après de mûres réflexions. Voter d'instinct sur ce point difficile est comme si l'on votait par acclamation et par enthousiasme la solution d'un problème de géométrie transcendante.

65.

Messieurs les députés amis de leur pays et de la vérité sentiront combien peu de confiance dans la bonté de sa cause avait l'opposition, puisqu'elle voulait préalablement les forcer à juger sans examen, et à voter contre l'hérédité de la pairie, *quand même !*..... Quand même elle serait utile à la France!..... Je l'attends à la discussion : elle a usé ses munitions avant le combat; elle n'a plus qu'à se répéter et à se perdre dans le vide des lieux communs dont, pendant deux mois, elle a inondé le public.

66.

Pour tout honnête homme, la promesse d'un

vote à venir est nécessairement soumise à des conditions, et renferme implicitement cette clause : Je voterai religieusement comme je déclare penser aujourd'hui, à moins que ma conscience et ma raison mieux éclairées ne me prescrivent le contraire ; *je ne puis, dans aucun temps et dans aucun cas, voter contre ma raison et ma conscience.*

67.

Lorsque les bûcherons veulent abattre un grand arbre, ils commencent par en couper les plus grosses branches.

CONCLUSION.

Je crois en mon ame et conscience, j'ai l'intime conviction que la pairie héréditaire en France est nécessaire à la monarchie représentative, et à la stabilité de nos institutions ; je ne m'en soumettrai pas moins à la décision de la majorité de Messieurs les députés qui diront : Nous croyons en notre ame et conscience, nous avons l'intime conviction que la pairie héréditaire en France n'est pas nécessaire à la monarchie représentative et à la stabilité de nos institutions.

FIN.

www.ingramcontent.com/pod-product-compliance
Lightning Source LLC
LaVergne TN
LVHW020258230826
846091LV00006B/2474

* 9 7 8 2 0 1 1 7 5 4 4 3 1 *